O Despertar da Maternidade Universal

Sri Mata Amritanandamayi

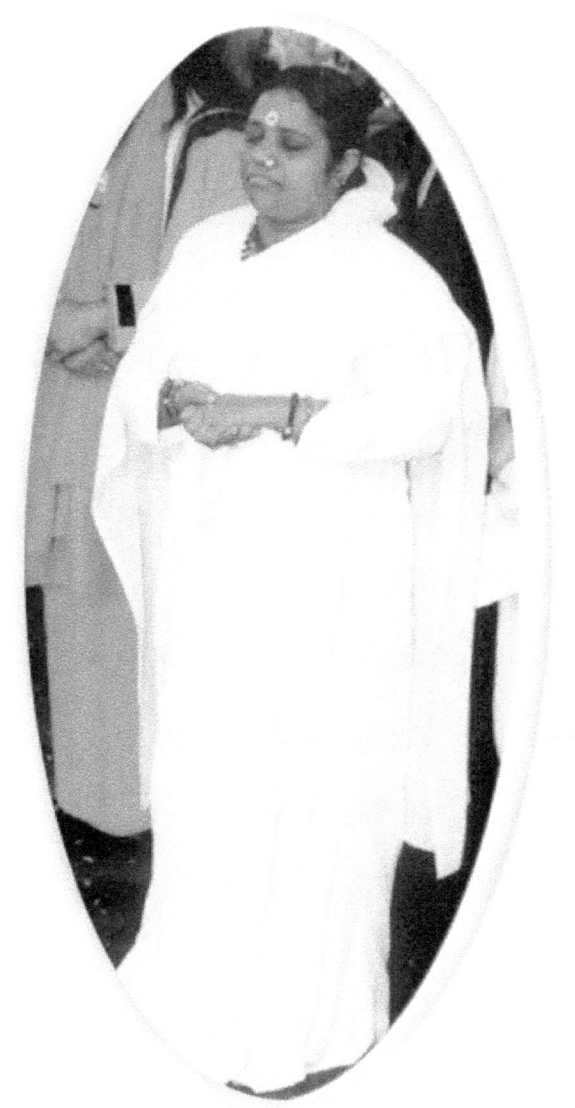

O Despertar da Maternidade Universal

Discurso proferido por
Sri Mata Amritanandamayi

por ocasião da
Iniciativa de Paz Global
Líderes Religiosas e Guias Espirituais

Palácio das Nações, Genebra
7 de outubro de 2002

Mata Amritanandamayi Center, San Ramon
Califórnia, Estados Unidos

O Despertar da Maternidade Universal

Publicado por:
Mata Amritanandamayi Center
P.O. Box 613
San Ramon, CA 94583
Estados Unidos

——— *The Awakening of Universal Motherhood
(Portuguese)* ———

Copyright © 2004 Mata Amritanandamayi
Mission Trust, Amritapuri, Kollam, Kerala 690546,
Índia

Todos os direitos reservados. Nenhuma parte desta publicação pode ser armazenada em um sistema de busca, transmitida, reproduzida, transcrita ou traduzida em qualquer língua, em qualquer formato, por qualquer meio, sem o acordo prévio e permissão escrita do editor.

Primeira edição em português por MA Centro: abril 2016

No Brasil: www.ammabrasil.org
Em Portugal: www.ammaportugal.org
Em Índia:
    www.amritapuri.org
    inform@amritapuri.org

Conteúdo

Oração	6
Prefácio	9
Discurso de Aceitação	29
Discurso Principal	33

Oração

ॐ

असतो मा सद्गमय

तमसो मा ज्योतिर्गमय

मृत्योर्मा अमृतं गमय

ॐ शान्तिः शान्तिः शान्तिः

Om
asato mā sadgamaya
tamaso mā jyotirgamaya
mṛtyormā amṛtaṁ gamaya
Om śāntiḥ śāntiḥ śāntiḥ

Om
Guie-nos da ilusão para a verdade
das trevas para a luz,
da morte para a imortalidade
Om, paz, paz, paz.

Amma com a Luz da Paz

Prefácio

O Poder da Maternidade

Por Swami Amritaswarupananda Puri

Quando as nações do mundo, chocadas com o derramamento de sangue e conflitos gerados pela Primeira Guerra Mundial, deram as mãos, nasceu um templo de paz: a Liga das Nações. Sua sede era aqui em Genebra, na Suíça. Em uma época em que os países competiam para mostrar qual era o mais poderoso, a liga foi uma luz, mostrando aos governantes e aos povos o caminho da paz —esse era seu objetivo. Apesar de a Segunda Guerra Mundial ter extinguido a Liga das Nações, os países uniram-se novamente; essa união levou à formação da Organização das Nações Unidas.

De 6 a 9 de outubro de 2002, houve outro encontro de nações em Genebra: de mulheres guias espirituais e religiosas, de todas as partes do mundo e todas as religiões, organizada pela Iniciativa para uma Paz Global, nascida da Cúpula do Milênio pela Paz Mundial, ocorrida dois anos antes na sede da ONU em Nova York.

Representantes de 125 nações participaram da iniciativa em Genebra.

No dia 6 de outubro, houve duas sessões principais: a primeira foi no Hotel Beau-Rivage, no centro de Genebra. As mulheres reunidas estavam em uma comunidade que transcendia limites de religião, cultura, raça e idioma, unidas em seu desejo sincero pela paz global. Elas rezaram e meditaram juntas –um primeiro passo no caminho da paz.

Perto das 15h, Amma chegou ao local. A organizadora da Iniciativa Global de Paz, Sra. Dena Merriam, e o secretário-geral da Cúpula de Paz Mundial, Sr. Bawa Jain, estavam esperando na entrada para recebê-la. Eles a acompanharam até os representantes do grupo Ruder Finn e de uma empresa americana produtora de documentários, One Voice International, que imediatamente iniciaram entrevistas.

"Se ainda há uma chance de paz mundial, que chance é essa?" quis saber o Ruder Finn Group.

Amma sorriu: "Isso é muito simples. Primeiro, deve haver mudanças interiores. Depois, o mundo mudará automaticamente –e a paz prevalecerá."

Pergunta: "Que tipo de mudanças?"

Prefácio

Amma: "Mudanças causadas pela absorção dos princípios espirituais."

Então, a One Voice International perguntou à Amma: "O que pode ser feito para mudar a mentalidade dos homens e da sociedade, que vêem a mulher como subordinada?"

Amma: "A mulher deve permanecer firme em sua qualidade maternal, que é intrínseca a ela." A resposta da Amma foi muito natural.

Pergunta: "A Amma está dizendo que a mulher não deve se aventurar em outras esferas da sociedade?"

Amma: "Não, Amma está dizendo que a mulher deve se aventurar em todas as esferas da sociedade. Mas, em tudo que fizer, deve ter fé no poder da maternidade. As ações destituídas dessa qualidade, em qualquer esfera, não ajudarão as mulheres a progredirem, mas as enfraquecerão."

Nesse diálogo, Amma já dava um vislumbre do discurso que ia fazer no dia seguinte, no Palais des Nations. Ali, ela explicaria que a "maternidade" é uma qualidade que tanto homens quanto mulheres podem –e, de fato, devem– desenvolver:

> O amor da maternidade é um amor e compaixão que se estendem não apenas para os próprios filhos, mas a todas as pessoas,

animais e plantas, rochas e rios —um amor que se estende a toda natureza, a todos os seres. De fato, para uma mulher que despertou para a verdadeira maternidade, todas as criaturas são suas filhas. Esse amor, essa maternidade, é o Amor Divino —e isso é Deus."

A entrevista prosseguiu:

Pergunta: "Qual é a opinião da Amma sobre a atitude dos homens em geral?"

Amma: "Eles também são filhos da Amma. Mas ainda hoje eles acham difícil internalizar o respeito e o reconhecimento que expressam externamente para sua mulher, mãe ou irmã. Geralmente eles acreditam mais na força muscular!"

Essa Iniciativa pela Paz Global aconteceu menos de um ano após os atos terroristas devastadores de 11 de setembro. Então, pareceu adequado que o próximo evento naquela primeira tarde lembrasse aqueles dias terríveis. Debra Olsen, da One Voice International, apresentou uma agente do corpo de bombeiros americana para Amma. A Sra. Olsen disse: "Essa é Jennifer. Ela veio de Nova York. Ela estava no World Trade Center no dia do ataque terrorista, ajudando a extinguir o

Prefácio

---

fogo. Ela ainda não se recuperou totalmente do choque do desastre. Amma poderia abençoá-la?"

Talvez Amma estivesse pensando no sofrimento de milhares de pessoas inocentes e impotentes que morreram naquele dia, porque seu rosto e seus olhos claramente refletiam pesar. Enquanto Amma abraçava amorosamente Jennifer e secava suas lágrimas, seus olhos também se encheram de lágrimas. Logo, muitos dos que presenciavam a cena também ficaram comovidos.

Jennifer tinha trazido uma estranha lembrança do local do desastre do World Trade Center, hoje conhecido como "Ground Zero". Parecia ser um pedaço de concreto e uma chave derretida no inferno do fogo devastador. Mostrando-os para Amma, ela disse: "Não tenho certeza porque trouxe isso, mas precisava trazer a dor comigo. E esperava levar esses objetos de volta sentindo algo diferente. Vim aqui com tanta raiva, esperando ter um pouco de paz em meu coração". Ao dizer isso, ofereceu as terríveis lembranças à Amma. Esta, respeitosamente as recebeu e, levando-as ao rosto, beijou-as. O rosto de Jennifer resplandeceu. Parecia vivenciar uma paz inefável.

Debra Olsen então perguntou a Amma: "Jennifer não acredita em Deus nem tem uma religião. Mas ela tem amor e compaixão pelos que sofrem. Há alguma necessidade dela orar para algum Deus?"

Amma respondeu: "Deus é amor e compaixão para os que sofrem. Se a pessoa tem esses sentimentos no coração, não há necessidade de rezar para Deus."

Muitas outras perguntas foram feitas. Respostas belamente simples fluíram da Mãe.

Quando a entrevista com Jennifer terminou, a famosa atriz de Hollywood Linda Evans veio conhecer a Amma. Ela ficou extasiada: "Ouvi falar tanto sobre a senhora. Só agora consigo conhecê-La. Que bênção!" disse a Sra. Evans.

Ela ficou olhando a Amma por algum tempo. Depois perguntou: "Qual é o propósito da maternidade divina?"

Amma: "É uma atitude de expansão da mente."

Linda Evans: "Como conseguimos isso?"

Amma: "Isso não é diferente de nós. Nem é uma coisa a ser conquistada de fora da gente. Esse poder é interior. Quando você compreende isso, a maternidade universal desperta espontaneamente."

Prefácio

Nesta altura, a Mãe foi levada para outra sala, onde deveria encontrar-se com a pessoa homenageada com o prêmio Gandhi-King no ano anterior, a mulher que o entregaria à Amma na manhã seguinte: a primatologista mundialmente reconhecida, Dra. Jane Goodall. Houve uma sintonia imediata e profunda entre as duas. Parecia que a Dra. Goodall queria sempre mais, independentemente de quantos abraços recebia da Amma. Ela disse: "A senhora é tão doce, é indescritível!" Depois de uma pausa, ela acrescentou: "E também é incomparável."

A Dra. Goodall, que passou 20 anos nas florestas africanas com animais, especialmente chimpanzés, para estudar seu comportamento, então perguntou à Amma: "A senhora acredita que os animais podem compreender o coração de seres humanos, e corresponder a esse amor?"

Amma: "Certamente, os animais podem entender o coração humano e agir de acordo, talvez até melhor que os próprios seres humanos. Amma vivenciou isso pessoalmente."

Amma então compartilhou com a Dra. Goodall algumas de suas experiências, nos anos em que passou na natureza, com os animais. Amma falou sobre o cão que lhe trazia pacotes de comida, a águia que lançava peixes crus em seu colo, a vaca que saía do curral e ficava na frente dela, para que pudesse beber direto de suas tetas, o papagaio que chorava quando a Amma cantava bhajans tristes e as pombas que dançavam diante da Amma quando ela cantava.

Depois da conversa com a Dra. Goodall, Amma abraçou outras pessoas na sala: Bawa Jain, Dena Merriam, a princesa do Camboja Ratna Devi Noordam e o co-diretor da Iniciativa de paz, reverendo Joan Campbell. Depois, era hora de unir-se à sessão de prece que se passava no salão de festas do hotel.

Amma liderou a prece pela paz mundial, cantando três vezes "*Lokah samastah sukhino bhavantu*" (que todos os seres, em todos os mundos, sejam felizes). Todos repetiram o mantra após a Amma. Antes que a onda de paz do mantra se extinguisse, Amma dirigiu a meditação "Ma-OM" por dez minutos. Quando terminou a prece, com o *Nirvanashtakam* de Sri Shankaracharya, muitos delegados de diferentes nações puderam sentir, em seu interior, o pulsar da poderosa bênção de paz.

O segundo grande evento do dia era a reunião de todos os participantes no parque do English

Prefácio

Garden Lake Park. Ao chegar, Amma foi apresentada ao público e subiu ao pódio. Em sua mensagem de paz, Amma disse: "O que todos precisam é de paz. Mas a maioria quer ser rei. Ninguém quer ser serviçal. Como pode haver paz assim? Não haverá apenas guerra e conflito? Um verdadeiro serviçal é o verdadeiro rei. O leite de uma vaca preta, branca ou marrom não é sempre branco? Da mesma forma, a essência de todas as pessoas é a mesma. A paz e o contentamento são os mesmos para todos. Os que desejam isso devem trabalhar juntos." Quando Amma e uma série de delegados da iniciativa terminaram seus discursos, todos recitaram juntos, "Não queremos guerra. Não queremos crimes. Queremos apenas paz!" Os delegados acenderam velas simbolizando a luz da paz que remove a escuridão da guerra e do conflito. Segurando suas velas bem alto, os participantes, oradores e membros da platéia se organizaram no gramado, para formar as letras da palavra "PEACE" (paz). Tantas pessoas queriam ficar perto da Amma que os fotógrafos (que estavam no telhado de um prédio próximo) finalmente decidiram acrescentar um ponto de exclamação depois da palavra "paz", já que a

O Despertar da Maternidade Universal

Amma e o grupo a sua volta naturalmente formavam um ponto!

No dia seguinte, 7 de outubro, houve a principal sessão da iniciativa. Quando a Amma chegou ao salão da Assembléia das Nações Unidas, às 9h, Bawa Jain e Dena Merriam estavam prontos para recebê-la. O salão estava lotado de guias espirituais e representantes de várias religiões.

Um após o outro, eles falaram da liberdade da mulher e dos problemas sociais que enfrentam. Foram descritas as limitações profundas que são forçadas a vivenciar, assim como soluções e conselhos, sem críticas desnecessárias ou egoísmo, que tão frequentemente emergem em alguns eventos.

A humildade dos organizadores e a precisão pela qual os programas do dia se desdobravam eram especialmente notáveis.

Às 11h, as líderes religiosas das Filipinas, Tailândia, Israel, China, Afeganistão e Ruanda falaram brevemente, porém apaixonadamente, sobre "As mulheres e suas contribuições à paz mundial". Depois disso, a Sra. Susan Deihim, do Irã, expressou com uma música o desejo global pela paz.

Às 11h20, Dena Merriam subiu ao pódio. Olhando para o público, ela sorriu e disse: "Agora,

Prefácio

a cerimônia mais importante deste evento: a apresentação do prêmio Gandhi-King deste ano pela não-violência. Respeitosamente, convido Sri Mata Amritanandamayi Devi a subir ao palco e aceitar o prêmio."

O público aplaudiu de pé, com entusiasmo, enquanto a Amma, com sua humildade e simplicidade características, levantou de seu assento, andou até o palco e aproximou-se das autoridades que a esperavam, com as mãos unidas no gesto indiano tradicional de respeito e reverência ao divino em cada um.

Bawa Jain apresentou o alto-comissário de direitos humanos da ONU, sua excelência Sergio Vieira de Mello, à Amma. Em seu estilo usual, a Mãe abraçou-o e beijou sua mão com afeto. O comissário, por sua vez, beijou as duas mãos da Amma afetuosamente.

Nos minutos seguintes, Bawa Jain falou ao público, lembrando as personalidades que foram premiadas anteriormente: Kofi Annan (1999), Nelson Mandela (2000) e Jane Goodall (2001). Ele então convidou a Dra. Goodall a apresentar a Amma à assembléia, e entregar-lhe o prêmio. Dra. Goodall falou de seu coração:

Sinto-me enormemente honrada em compartilhar essa plataforma com uma mulher tão notável, que é a própria personificação do bem. Ela teve uma vida incrível; desafiou a tradição desde o início. Nascida em uma família pobre, com a pele mais escura que seus irmãos e irmãs, ela não era bem tratada por sua família; era tratada como serviçal. Mas Amma começou a sentir a presença de Deus dentro de si. Era tão poderosa essa presença que ela quis sair e compartilhar sua boa sorte com os menos afortunados. Então, desafiando a tradição, começou a abraçar os que precisavam de conforto, quando mulheres não eram permitidas tocar em estranhos. Ela confortou com seu abraço maravilhoso, que experimentei ontem, mais de 21 milhões de pessoas –pense nisso: 21 milhões de pessoas! Mas mais do que isso, ela estabeleceu uma vasta rede de organizações de caridade, que vão de escolas e hospitais e orfanatos e construção de casas para os pobres –numerosas demais para mencionar aqui. E, finalmente, novamente desafiando a tradição, ela foi a primeira líder religiosa a nomear mulheres como sacerdotizas nos templos tradicionais. Ela acredita que Deus

Prefácio

não descrimina entre os sexos e eu acredito que ela está aqui, diante de nós, o amor de Deus em um corpo humano.

Então, a Dra. Goodall entregou à Amma o prêmio Gandhi-King, gerando uma tremenda onda de emoção. Os delegados se levantaram, dando vivas e aplaudindo.

Quando os aplausos pararam, Bawa Jain convidou a Amma a falar sobre o assunto do "Poder da Maternidade". Amma preferiu primeiro falar algumas palavras para receber o prêmio de não violência. Ela começou falando de Mahatma Gandhi e Martin Luther King Jr., dizendo que esses dois defensores da paz tinham podido alcançar grande sucesso porque tiveram pureza de coração e a força do apoio popular. Amma falou dos que lutam pela paz mundial e pelo contentamento de todos, dizendo que são essas pessoas que merecem um prêmio e que o estava aceitando em seu nome. Amma também orou para que aqueles que trabalham pela paz mundial sejam abençoados com mais força e coragem.

Amma lembrou aos delegados que

Gandhiji sonhou com um mundo sem violência. E o sonho de Martin Luther King era de um mundo sem diferenças raciais.

Lembrando deles, Amma também oferece sua visão do futuro. Amma imagina uma sociedade na qual homens e mulheres progridem juntos, um mundo em que todos os homens respeitam o fato de, como duas asas de um pássaro, mulheres e homens têm igual valor. Sem os dois em equilíbrio perfeito, a humanidade não pode progredir.

Aos olhos da Amma, mulheres e homens são iguais. Amma deseja expressar com franqueza seu ponto de vista sobre este tema. Essas observações não são necessariamente aplicáveis a todos, mas podem servir à maioria das pessoas.

Atualmente, a maior parte das mulheres está adormecida. As mulheres têm que acordar e manifestar-se! Esta é uma das necessidades mais urgentes desta Era.

Nos vinte minutos seguintes, verdades fundamentais fluíram da Amma: a natureza interna e externa das mulheres; a profundidade e alcance das limitações auto-impostas nas mentes das mulheres; as formas como a realidade cultural e as atitudes reprimem as mulheres; o poder latente infinito em seu interior... Enquanto a Amma abordava todos esses temas com clareza e lucidez, a assembléia ouvia em silêncio, refletindo

Prefácio

atenta. Nesses momentos, era quase palpável a energia das palavras da Amma e a presença de sua maternidade universal.

Ao final do discurso, Amma deixou claro que essa "maternidade universal" era uma qualidade que todas as pessoas deveriam procurar desenvolver –homens e mulheres:

> A essência maternal não se restringe às mulheres que deram a luz; é um princípio inerente ao ser humano, mulher ou homem. É um estado de espírito. É amor –e esse amor é o próprio sopro da vida. Ninguém diz: 'Só vou respirar quando estiver com minha família e meus amigos. Não vou respirar na frente de meus inimigos.' Similarmente, para aqueles que despertaram para a maternidade, o amor e a compaixão diante de todos fazem parte de seu ser, tanto quanto respirar.
>
> A Era que se inicia deve ser dedicada ao renascimento do poder de cura da maternidade. Essa é a única forma de realizar nosso sonho de paz e harmonia.

Quando a Amma concluiu seu discurso, a assembléia espontaneamente levantou-se, aplaudindo com entusiasmo.

Depois do final da sessão, um grande número de participantes aproximou-se do grande enigma que é a Amma, para vê-la, para falar com ela e receber seu *darshan*. Enquanto isso, em outra parte do salão, havia uma correria louca para pegar uma cópia de seu discurso.

Em meio a tudo isso, Bawa Jain chegou, pedindo à Amma que participasse de uma sessão de fotos com os outros delegados. As pessoas começaram a seguir a Amma onde quer que fosse, como abelhas em torno da abelha-rainha. O Sr. Jain teve dificuldades em fazer a Amma atravessar a multidão que a pressionava. Finalmente, disse às pessoas em torno dela: "Hei, Ela também é minha Mãe. Dêem-me uma chance também!"

Acompanhada pelo reverendo Joan Campbell, Dra. Goodall, a princesa do Camboja, Ratna Devi Noordam, Bawa jain e Dena Merriam, Amma deixou o salão. Na varanda em frente, a co- -diretora da Iniciativa de Paz Global para Mulheres Guias Espirituais e Religiosas, Dra. Saleha Mahmood Abedin, do Paquistão, aguardava a Amma. Assim que a viu, a Dra. Abedin, acadêmica islâmica e socialista, foi cumprimentá-la. Amma abraçou-a com seu amor transbordante. Com a cabeça em seu ombro, a Dra. Abedin disse

Prefácio

suavemente: "É tamanha bênção que a senhora esteja aqui conosco hoje."

Após a sessão de fotografias, a Corporação Cristã de Notícias pediu uma entrevista.

Pergunta: "Amma recebe as pessoas abraçando-as. Esse abraço pode ajudá-las a atingir a paz?"

Amma: "Não é um mero abraço, mas um momento que desperta os princípios espirituais. Nossa essência é amor. Vivemos por amor, não é? Onde há amor, não há conflito, apenas paz."

Pergunta: "Amma tem seguidores em todo o mundo. Eles todos a adoram?"

Amma: "É a Amma que os adora. Todos eles são meu Deus. Amma não tem um Deus que vive nos céus. Meu Deus está em todos vocês, em tudo que se pode ver. Amma ama a todos e a tudo e eles me amam assim. O amor flui nas duas mãos. Não há dualidade, apenas união –amor puro."

De fato, este é o segredo deste grande ser que atrai o mundo inteiro para Ela –este é o fluxo incessante do Rio de Amor –o poder de uma maternidade universal indescritível.

Swami Amritaswarupananda
Amritapuri, Kerala

Iniciativa pela Paz Global de Mulheres Guias Espirituais e Religiosas.

Palais des Nations, Genebra.
7 de Outubro, 2002

Este prêmio foi instituído em memória de duas grandes personalidades -Mahatma Gandhi e o reverendo Martin Luther King. A prece da Amma nesta ocasião é para que as pessoas que oram e trabalham pela paz em todo o mundo tenham mais força, coragem e inspiração, e que cada vez mais pessoas trabalhem pela paz mundial. Amma está recebendo este prêmio em seu nome. A vida da Amma foi oferecida ao mundo, então Ela não espera retribuição.

– Amma

Discurso de Aceitação

*Pronunciado ao receber o Prêmio
Gandhi-King de Não-Violência 2002*

Amma reverencia a todos vocês, que são verdadeiramente personificações do amor supremo e da consciência pura.

Este prêmio foi instituído em memória de duas grandes personalidades -Mahatma Gandhi e o reverendo Martin Luther King. A prece da Amma nesta ocasião é para que as pessoas que oram e trabalham pela paz em todo o mundo ganhem mais força, coragem e inspiração, e que cada vez mais pessoas trabalhem pela paz mundial. Amma está recebendo este prêmio em seu nome. A vida da Amma foi oferecida ao mundo, então Ela não espera retribuição.

Mahatma Gandhi e o reverendo Martin Luther King sonharam com um mundo no qual os seres humanos eram reconhecidos e amados como seres humanos, sem preconceitos de qualquer tipo. Lembrando deles, Amma também apresenta uma visão do futuro.

Amma também tem um sonho. É uma visão de um mundo no qual homens e mulheres progridem juntos, um mundo no qual todos os homens

O Despertar da Maternidade Universal

respeitam o fato de que, como as duas asas de um pássaro, mulheres e homens têm igual valor. Se os dois não estiverem em equilíbrio perfeito, a humanidade não pode progredir.

Dr. King era corajoso como um leão, mas em seu coração era suave como uma flor. Ele arriscou sua vida pelo bem do amor, da igualdade e outros ideais nobres. Ele teve que lutar com muita perseverança contra as pessoas de seu próprio país.

E Mahatma Gandhi não pregava, apenas. Ele colocava suas palavras em ação. Ele dedicava toda sua vida à paz e não-violência. Ele

Discurso de Aceitação

poderia ter se tornando o primeiro-ministro ou o presidente da Índia, mas ele se recusou porque não tinha nenhum desejo de fama ou poder. De fato, quando a Índia foi declarada independente, Gandhi estava consolando as vítimas de uma área afetada pelos motins.

É fácil acordar quem está dormindo. É só balançar a pessoa uma ou duas vezes. Mas você pode sacudir uma pessoa que está fingindo que está dormindo cem vezes e não terá efeito algum. A maioria das pessoas pertence a esta última categoria. Está na hora de todos verdadeiramente acordarmos. A não ser que haja maior controle dos instintos mais baixos, nossa visão para o futuro da humanidade não poderá se realizar, e a paz continuará um sonho distante.

Que tenhamos a coragem e a perseverança, nascidas da prática espiritual, de realizar este sonho. Para que isso aconteça, cada um de nós precisa descobrir e trazer à luz nossas qualidades inatas de fé, amor, paciência e auto-sacrifício pelo bem de todos. É isso o que a Amma chama de verdadeira maternidade.

Discurso Principal

O Despertar da Maternidade Universal

Por Sri Mata Amritanandamayi

*Discurso da Amma por ocasião da
Iniciativa pela Paz Global de
Mulheres Guias Espirituais e Religiosas
Palais des Nations, Genebra,
7 de Outubro de 2002*

Amma se prostra diante de todos os presentes, que são a própria manifestação da consciência suprema e do amor.

Aos olhos da Amma, mulheres e homens são iguais. Amma deseja expressar com franqueza seu ponto de vista sobre este tema. Essas observações não são, necessariamente, aplicáveis a todos, mas podem servir à maioria das pessoas.

Atualmente, a maior parte das mulheres está adormecida. As mulheres têm que acordar e manifestar-se! Esta é uma das necessidades mais urgentes desta era. As mulheres de todo o mundo devem despertar, não apenas em países em desenvolvimento. Mulheres que vivem em países onde o materialismo é predominante devem acordar para a espiritualidade[1]. Mulheres que vivem em países em que são forçadas a permanecer dentro de estreitos muros de tradição religiosa devem despertar para o pensamento moderno. Generalizou-se a idéia de que as mulheres e as culturas em que vivem despertarão graças à educação e ao desenvolvimento material. O tempo, porém, mostrou-nos que esse conceito é muito limitado. Somente quando as mulheres puderem absorver a sabedoria eterna da espiritualidade, além de receber uma educação moderna, seu poder interno despertará e começarão a agir.

Quem deve despertar a mulher? O que obstrui seu despertar? Na realidade, não há força externa

---

[1] A espiritualidade que a Amma se refere aqui não é sobre adorar um Deus sentado em algum lugar acima das nuvens. A verdadeira espiritualidade é conhecer a si mesmo e realizar o Poder infinito interior. A espiritualidade e a vida não são duas coisas separadas; são uma coisa só. A verdadeira espiritualidade nos ensina a viver no mundo. A ciência material nos ensina a refrescar o mundo externo, com ar-condicionado, e a ciência espiritual nos ensina a "refrescar" o mundo interior.

que possa deter a mulher ou suas qualidades maternais inatas —qualidades como o amor, empatia e a paciência. É ela, e somente ela, que deve se despertar. A única barreira que a impede de fazer isso é sua mente.

Regras e crenças supersticiosas que degradam as mulheres continuam a prevalecer na maior parte dos países. Costumes primitivos, inventados pelos homens no passado para explorar e subjugar as mulheres, permanecem vivos até hoje. A mulher e sua mente ficaram presas nas teias desses costumes. A mulher vive hipnotizada por sua própria mente. Se quiser liberar-se desse campo magnético, deve ajudar a si própria. Este é o único caminho.

Tome por exemplo um elefante. Com sua tromba, pode arrancar árvores imensas. Enquanto for bebê, pode ser amarrado a uma árvore com uma corda forte ou corrente. Como é a natureza dos elefantes andarem livremente, o bebê elefante, instintivamente, tenta com toda sua força romper a corda. Mas não tem força suficiente para isso. Entendendo que seus esforços são inúteis, finalmente desiste e pára de lutar. Mais tarde, quando o elefante está crescido, pode ser amarrado a uma pequena árvore com uma corda fina. Se quisesse, poderia libertar-se facilmente, mas como sua mente foi condicionada por suas experiências anteriores, não faz o menor esforço.

Isso é o que está acontecendo com a mulher.

A sociedade não permite que a força da mulher brote. Criamos um bloqueio que impede seu fluxo.

Mulheres e homens têm o mesmo potencial infinito. Não seria difícil para as mulheres romperem as amarras -as regras e condicionamentos que a sociedade lhes impôs- se realmente se propusessem a isso. A grande força da mulher reside em sua maternidade inata, em seu poder gerador criativo. Esse poder pode ajudar a mulher a realizar uma mudança na sociedade muito mais significativa do que os homens jamais poderiam.

Conceitos antiquados e limitantes, criados no passado, estão impedindo as mulheres de alcançarem as alturas espirituais. São sombras que ainda assustam as mulheres, gerando medo e insegurança. No entanto, são simples ilusões –as limitações que as mulheres acreditam ter não são reais. As mulheres precisam reunir força para vencer esses limites imaginários. Elas já possuem esse poder; está ali presente! Quando esse poder despertar, ninguém poderá deter o avanço das mulheres em todas os setores da vida.

Os homens, em geral, acreditam no poder da força. Em um nível superficial, eles vêem as mulheres como suas mães, esposas e irmãs. Mas não se pode esconder o fato de que, em um nível mais profundo, os homens ainda têm muita resistência em entender, aceitar e reconhecer as mulheres e o aspecto feminino da vida.

Amma lembra-se de uma história. Em uma aldeia, morava uma mulher profundamente espiritualizada, que sentia imensa alegria em servir e ajudar os demais. Os líderes religiosos da aldeia a nomearam sacerdotisa. Como era a primeira mulher sacerdotisa da região, muitos sacerdotes não gostaram de sua nomeação. Sua enorme compaixão, humildade e sabedoria eram apreciadas pelos moradores e causavam inveja aos outros sacerdotes.

Certo dia, todos foram convidados a uma reunião em uma ilha, a três horas de barco. Quando os sacerdotes entraram no barco, viram consternados que a sacerdotisa já estava a bordo. Resmungaram entre si, "Que chato! Nem assim ela nos deixa em paz!" O barco, então, partiu. No entanto, uma hora mais tarde, o motor subitamente parou. O capitão exclamou: "Ó não! Estamos perdidos! Esqueci-me de encher o tanque!" Ninguém sabia o que fazer. Não havia outros barcos a vista. Nesta altura, a sacerdotisa levantou-se e disse, "Não se preocupem, irmãos! Vou buscar mais combustível". Depois de dizer isso, saiu do barco e foi andando sobre a água. Os sacerdotes ficaram espantados, mas não tardaram a comentar: "Vejam só! Ela nem sabe nadar!"

Esta, em geral, é a atitude dos homens. É da sua natureza diminuir e condenar as conquistas da mulher. As mulheres não são decorações ou objetos para serem controlados pelos homens. Os homens as tratam como se fossem plantas em um vaso, impedindo o pleno crescimento de seu potencial.

A mulher não foi criada para o prazer dos homens, nem para servir chá aos convidados. Os homens usam as mulheres como se fossem aparelhos de som, que gostam de controlar de acordo com suas vontades e desejos, como se tivessem botões de comando.

Os homens consideram-se superiores às mulheres, física e intelectualmente. Fica evidente em tudo que fazem a arrogância de sua postura

—que as mulheres não podem sobreviver sem depender deles.

Uma mulher de má reputação, mesmo que seja vítima inocente, será rejeitada pela sociedade e, muitas vezes, pela família. Por outro lado, o homem pode ser tão imoral quanto quiser e se sair bem, já que raramente é questionado.

Mesmo em países materialmente desenvolvidos, as mulheres são reprimidas quando se trata de dividir o poder político com os homens. É interessante ver que, nesse sentido, alguns países em desenvolvimento estão comparativamente bem mais avançados. Mesmo assim, quantas mulheres reconhecidas são atuantes na arena da política mundial? Poderiam ser contadas nos dedos. Isso se deve pela incapacidade da mulher ou pela arrogância do homem?

Circunstâncias adequadas e o apoio dos outros certamente ajudarão o despertar e crescimento da mulher. Mas isso não é o suficiente. A mulher precisa encontrar inspiração e força dentro de si. O verdadeiro poder não vem de fora.

As mulheres têm que encontrar coragem. Coragem é um atributo da mente. Não é uma qualidade do corpo. As mulheres têm o poder de lutar contra as regras sociais que impedem seu progresso. Esta é a experiência pessoal da Amma. A supremacia masculina ainda é regra na Índia, apesar de muitas mudanças terem ocorrido. Até hoje, a mulher é explorada em nome de convenções religiosas e da tradição. Mas as mulheres estão despertando e entrando em ação. Até recentemente, não se permitia às mulheres venerarem a Deus no *santo santorum* dos templos; tampouco podiam consagrar um templo ou fazer rituais védicos. As mulheres nem tinham permissão para cantar *mantras* védicos. Amma, no entanto, está estimulando as mulheres e as nomeia para essas funções. Além disso, é a própria Amma quem realiza a cerimônia de consagração em todos os templos construídos por nosso Ashram. Muitos foram contra a nomeação de mulheres, já que há gerações que essas cerimônias e rituais são feitos apenas por homens. Aos que questionaram o que estávamos fazendo, Amma explicou que adoramos um Deus que está além de toda discriminação, que não diferencia o masculino do feminino. Por fim, a maioria das pessoas apoiou essa mudança revolucionária. Essas proibições contra as mulheres nunca foram, de fato, uma parte da tradição hindu. Provavelmente foram criadas mais tarde, por homens que pertenciam a classes mais altas da sociedade, para explorar e oprimir as mulheres. Elas não existiam na Índia antiga.

Naquela época, as palavras em sânscrito usadas pelo marido para referir-se à mulher eram Pathni -aquela que guia o marido pela vida; Dharmapathni –aquela que guia o marido no caminho do *dharma* (justiça e responsabilidade); e Sahadharmacharini –aquela que avança com seu marido pela senda do *dharma*. Esses termos implicam que as mulheres tinham a mesma posição que os homens, ou talvez mais elevada. A vida de casado era considerada sagrada; se vivida com compreensão e postura correta, com o casal se apoiando mutuamente, levava-os para a meta superior da vida –auto-realização ou realização de Deus.

Na Índia, o Ser Superior nunca foi adorado somente na forma masculina. O Ser Superior também é adorado na forma da Deusa, em Seus muitos aspectos. Um deles, por exemplo, é Sarasvati, a Deusa da sabedoria e do aprendizado; outro é Lakshmi, Deusa da prosperidade; e Sanatana Lakshmi, a Deusa que dá nova vida a uma mulher. Há também Durga, Deusa da força e do poder.

Houve uma época em que os homens veneravam a mulher como personificação dessas qualidades. A mulher era considerada uma extensão da Deusa, uma manifestação de seus atributos na Terra. Em certa altura, pela influência egoísta de alguns homens e seu desejo de poder e domínio, essa verdade profunda foi distorcida e extirpada de nossa cultura. Foi assim que as pessoas esqueceram ou ignoraram a conexão profunda entre a mulher e a Divina Mãe.

Muitos acreditam que a religião que confere a posição mais baixa à mulher é o islamismo. Mas o Alcorão usa o gênero feminino para falar de qualidades como compaixão e sabedoria e da natureza essencial de Deus.

No cristianismo, o Ser Supremo é adorado exclusivamente como o Pai, o Filho e o Espírito Santo. O aspecto feminino de Deus não é tão amplamente reconhecido. Cristo considerava homens e mulheres iguais.

Para que Cristo, Krishna e Buddha nascessem, foi preciso uma mulher. Para encarnar, Deus precisou de uma mulher, que agüentou toda a dor e a dificuldade da gravidez e do parto. Um homem não seria capaz disso. Ainda assim, ninguém pensa na injustiça das mulheres dominadas pelos homens. Nenhuma religião genuína menospreza ou diminui as mulheres.

Para aqueles que realizaram Deus, não há diferença entre homem e mulher. Seres realizados têm visão equânime. Se, em algum lugar do mundo, houver regras que impeçam as mulheres de desfrutar de liberdade ou leis que obstruam seu progresso na sociedade, não são mandamentos de Deus, mas normas nascidas do egoísmo do homem.

Qual é o olho mais importante, o direito ou o esquerdo? Ambos são igualmente importantes. O mesmo acontece com a posição dos homens e das mulheres na sociedade. Ambos devem ter consciência de suas responsabilidades singulares, ou *dharma*. Homens e mulheres devem se apoiar. Somente dessa forma podemos manter a harmonia do mundo. Quando homens e mulheres complementarem-se e progredirem juntos, com cooperação e respeito mútuo, atingirão a perfeição.

Na realidade, os homens são parte das mulheres. Toda criança primeiro fica na barriga da mãe, como parte do próprio ser da mulher. No que diz respeito ao nascimento, o único papel do homem é fornecer sua semente. Para ele é apenas um momento de prazer; para ela, são nove meses de austeridades. É a mulher que recebe, concebe e faz daquela vida parte de seu ser. Ela cria a atmosfera mais propícia para que a criança cresça dentro dela e depois lhe dá a luz. As mulheres são essencialmente mães, criadoras da vida. Todo homem tem o desejo secreto de ser novamente envolvido pelo amor incondicional de uma mãe. Essa é uma das razões sutis pela atração do homem pela mulher –por ter nascido dela.

Ninguém pode questionar a realidade da maternidade –que o homem é gerado pela mulher. Quem se recusa a deixar o casulo de suas mentes limitadas nunca poderá compreender. Não se pode explicar a luz para quem só conhece escuridão.

O princípio da maternidade é tão vasto e poderoso quanto o universo. Com o poder da maternidade, a mulher pode influenciar o mundo todo.

Deus é homem ou mulher? A resposta a essa questão é que Deus não é nem masculino nem feminino –Deus é "Aquilo". Mas se você insistir em dar um gênero a Deus, então Deus é mais feminino do que masculino, porque o masculino é contido no feminino.

Discurso principal por Sri Mata Amritanandamayi

Qualquer um –mulher ou homem– que tiver a coragem de superar os limites da mente poderá conquistar o estado de Mãe Universal. As qualidades maternais são um direito de nascimento das mulheres. O verdadeiro amor maternal não é voltado apenas aos próprios filhos, mas a todas as pessoas, animais e plantas, rochas e rios– um amor que se estende a toda a natureza, a todos os seres. De fato, quando o estado de verdadeira maternidade desperta em uma mulher, ela considera todas as criaturas suas filhas. Esse amor é o Amor Divino, e isso é Deus.

Mais da metade da população do mundo é composta de mulheres. É uma grande perda quando se nega à mulher a liberdade de expressão ou a alta posição que deveria ter na sociedade. Quando se impõem limites à mulher, toda a sociedade perde sua contribuição potencial.

Quando as mulheres ficam debilitadas, seus filhos também ficam. Assim, toda uma geração perde sua força e vitalidade. Somente quando as mulheres receberem o respeito que merecem, poderemos criar um mundo de luz e consciência.

As mulheres podem executar todas as tarefas tão bem quanto os homens –talvez até melhor. As mulheres têm a força de vontade e a energia

O Despertar da Maternidade Universal

criativa para fazer qualquer tipo de trabalho. Amma pode dizer isso com base em sua própria experiência. Qualquer que seja a forma de ação, as mulheres podem atingir alturas extraordinárias. Isso é especialmente verdade no caminho espiritual. As mulheres têm a pureza mental e a capacidade intelectual necessárias para isso. No entanto, no que quer que façam, o começo deve ser positivo. Se o início for bom, o meio e o fim automaticamente serão bons, desde que a pessoa tenha paciência, fé e amor. Um começo errado, sobre uma base falha, é uma das razões pelas quais as mulheres perdem tanto na vida. A questão não é só que as mulheres devem ter a mesma posição que os homens na sociedade; o problema é que as mulheres já começam a vida em desvantagem, devido à falta de compreensão e à falta de consciência. Assim, as mulheres estão tentando alcançar os resultados sem a vantagem de um bom começo.

Para aprender o alfabeto, temos que começar com ABC, não com XYZ. E qual é o ABC das mulheres? Qual é a essência da mulher, de sua existência? São suas qualidades inatas, os princípios essenciais da maternidade. Em qualquer área de trabalho que escolha, ela não deve esquecer essas virtudes que Deus ou a Natureza lhe concedeu tão graciosamente. A mulher deve realizar todas suas ações firmemente apoiada nessas qualidades maternais. Elas constituem os princípios fundamentais da mulher, assim como o ABC é o início do alfabeto. Quando agir em outros níveis da vida, ela não deve deixar de fora essa parte crucial de si mesma.

As mulheres possuem qualidades que não são comuns nos homens. A mulher tem a habilidade de se dividir em muitas. Ao contrário do homem, a mulher é capaz de fazer várias coisas ao mesmo tempo. Mesmo tendo que fazer muitas coisas ao mesmo tempo, a mulher tem o dom de realizá-las com grande beleza e perfeição. Inclusive em seu papel de mãe, a mulher tem a virtude de expressar diferentes facetas diferentes de seu ser –poderá ser calorosa e carinhosa, forte e protetora, rígida e disciplinadora. Raramente vemos esse tipo de confluência de qualidades nos homens. De fato, a mulher tem mais responsabilidades que os homens. Elas seguram as rédeas da integridade e da união na família e na sociedade.

A mente do homem facilmente identifica-se com seus pensamentos e ações. A energia masculina pode ser comparada com água parada;

O Despertar da Maternidade Universal

Discurso principal por Sri Mata Amritanandamayi

não flui. A mente e o intelecto do homem, geralmente, ficam presos no trabalho que faz. É difícil para os homens mudarem seu foco. Por isso, muitos homens acabam misturando a vida profissional com a vida familiar. A maior parte dos homens não consegue separar os dois. As mulheres, por outro lado, têm uma capacidade inata de fazer isso. É uma tendência arraigada nos homens levar seu comportamento profissional para dentro casa, para o relacionamento com sua esposa e filhos. A maior parte das mulheres sabe como manter sua vida familiar e sua vida profissional separadas.

A energia feminina, ou a energia da mulher, é fluida como um rio. Isso facilita sua função de mãe, esposa e boa amiga, que dá confiança ao marido. A mulher tem o dom especial de ser guia e conselheira de toda a família. As mulheres que, além disso, trabalham fora têm todas as chances de ter sucesso na carreira também.

O poder da maternidade inato da mulher ajuda-a a encontrar um sentido profundo de paz e harmonia. Isso permite que ela pondere e reaja ao mesmo tempo, enquanto que o homem tende a refletir menos e a reagir mais. Uma mulher é capaz de ouvir os sofrimentos dos outros e de responder com compaixão. Ainda assim, quando enfrenta um desafio, pode reagir com tanta força quanto um homem.

No mundo atual, tudo está se tornando contaminado e artificial. Neste ambiente, as mulheres deveriam tomar maior cuidado para que suas qualidades maternais e sua própria natureza de mulher também não sejam afetadas e distorcidas.

Há um homem em cada mulher, e uma mulher em cada homem. Esta verdade foi revelada na meditação dos grandes santos e sábios da antiguidade. Esse é o significado do conceito de Ardhanariswara (Deus metade masculino e metade feminino) da fé hindu . Mulher ou homem, sua verdadeira humanidade surgirá somente quando suas qualidades masculinas e femininas encontrarem um equilíbrio.

Os homens também sofreram muito com o exílio do princípio feminino do mundo. Por causa da opressão das mulheres e da supressão do aspecto feminino dos homens, suas vidas tornaram-se fragmentadas, freqüentemente sofridas. O homem também deve despertar para suas qualidades femininas. Deve desenvolver empatia e compreensão em sua atitude com as mulheres e em sua maneira de se relacionar com o mundo.

Discurso principal por Sri Mata Amritanandamayi

As estatísticas mostram que os homens –não as mulheres- de longe, cometem mais crimes e delitos neste mundo. Há também uma profunda conexão entre a forma que os homens destroem a Mãe Natureza e sua atitude com as mulheres. A Natureza deve ter a mesma importância em nossos corações que nossas mães biológicas.

Somente o amor, a compaixão e a paciência –que são qualidades fundamentais das mulheres- podem diminuir as tendências intrinsecamente agressivas e hiperativas dos homens. Similarmente, existem mulheres que precisam desenvolver suas qualidades masculinas, para que sua natureza boa e gentil não as imobilize.

As mulheres são a força e a própria base de nossa existência. Quando a mulher perde contato com seu verdadeiro Ser, deixa de haver harmonia no mundo, e começa a destruição. Portanto, é crucial que as mulheres façam todos os esforços para redescobrir sua natureza fundamental, pois somente assim poderemos salvar este mundo.

O que nosso mundo hoje realmente precisa é de cooperação entre homens e mulheres, baseada em uma firme noção de união na família e na sociedade. As guerras e os conflitos, todo o sofrimento e a falta de paz no mundo atual certamente diminuirão se mulheres e homens começarem a cooperar e apoiar-se mutuamente. A não ser que a harmonia seja restaurada entre o masculino e o feminino, entre homens e mulheres, a paz continuará sendo um sonho distante.

Existem dois tipos de linguagem: A linguagem do intelecto e a linguagem do coração. A linguagem do intelecto, seca e racional, gosta de discutir e atacar. Agressão é sua natureza. É puramente masculina, destituída de amor ou de qualquer sentido de conexão. Ela diz: "Não apenas estou certo e você está errado, mas provarei isso a qualquer custo, para que você ceda à minha opinião". Quem fala essa língua costuma controlar os outros e fazer deles suas marionetes, que dançam de acordo com sua música. Essas pessoas tentam impor suas idéias nos outros. Seus corações estão fechados. Raramente consideram os sentimentos dos outros. Sua única consideração é seu próprio ego e sua vã idéia de vitória.

A linguagem do coração, a linguagem do amor, que está relacionada ao princípio feminino, é bem diferente. Os que falam essa língua não se importam com seu ego. Não têm interesse em provar que estão certos ou que os outros estão errados. São profundamente preocupados com os outros

Discurso principal por Sri Mata Amritanandamayi

e querem ajudar, apoiar e elevar a todos. Na sua presença, a transformação simplesmente ocorre. Doam esperança e luz a este mundo. Quem se aproxima deles renasce. Quando essas pessoas falam, não é para fazer discurso, impressionar ou argumentar –é uma verdadeira comunhão de corações.

Amor verdadeiro não tem nada a ver com prazer ou egocentrismo. No amor verdadeiro, não é você que importa, mas o outro. No amor, o outro não é um instrumento para realizar nossos desejos egoístas; nós somos um instrumento do Divino para fazer o bem no mundo. O amor não sacrifica os outros; ele se entrega alegremente. O amor é abnegado –mas não é a abnegação imposta às mulheres, tratadas como objetos e relegadas ao segundo plano. Quando há amor verdadeiro, a pessoa não se desvaloriza. Pelo contrário, ela se engrandece e se une ao todo, em total bem-aventurança.

Infelizmente, no mundo de hoje, é a linguagem do intelecto que prevalece e não a linguagem do coração. O egoísmo e os olhos de desejo –não de amor- dominam o mundo. Pessoas de mente estreita influenciam os mais fracos e os usam para satisfazer seus objetivos egoístas. Os ensinamentos dos sábios da antiguidade foram distorcidos e adaptados aos desejos egoístas dos homens. O conceito de amor foi distorcido. É por isso que o mundo está tomado por conflitos, violência e guerra.

A mulher é a criadora da raça humana. Ela é o primeiro Guru, o primeiro guia e mestre da humanidade. Pense na tremenda força, positiva ou negativa, que um ser humano pode lançar ao mundo. Cada um de nós tem um efeito de longo alcance nos outros, estejamos ou não conscientes disso. A responsabilidade de uma mãe, em termos de influenciar e inspirar seus filhos, não pode ser subestimada. Há muita verdade no ditado que diz que por trás de todo grande homem, há uma grande mulher. Cada vez que encontramos indivíduos felizes e em paz, crianças com qualidades nobres e de boa índole, homens com imensa força, mesmo enfrentando fracassos e situações adversas, pessoas de grande compreensão, simpatia, amor e compaixão com os que sofrem, dando de si mesmas –em geral, encontramos uma grande mãe, que foi seu exemplo e fonte de inspiração.

As mulheres são as mais capazes de semear as sementes de amor, fraternidade universal e paciência nas mentes dos seres humanos. Existe uma ligação especial entre mãe e filho. As qualidades próprias da mãe são transmitidas para a criança até mesmo pelo seu leite. A mãe compreende o coração de seu filho; ela enche a criança de amor, ensinando-a os aspectos positivos da vida e corrigindo seus erros. Se caminhamos várias vezes por um campo de grama macia, logo formamos uma trilha. Como no exemplo do gramado, é fácil moldar o caráter de uma criança quando é muito jovem. Na medida em que cresce, isso vai ficando mais difícil. Os bons pensamentos e valores positivos que cultivamos em nossos filhos ficarão com eles para sempre.

Certa ocasião, quando a Amma estava dando *darshan* na Índia, um jovem aproximou-se. Era de uma região do país afligida pelo terrorismo. As pessoas da região estavam sofrendo muito com as matanças e os saques freqüentes. Ele era líder de um grupo de jovens dedicado ao serviço social na região. Ele pediu à Amma: "Por favor, faça com que esses terroristas, tão cheios de ódio e violência, cheguem à uma compreensão correta. E para todos aqueles que enfrentaram tantas atrocidades e sofreram tanto, por favor, encha seus corações com o espírito do perdão. De outra forma, a situação apenas deteriorar-se-á e não haverá fim à violência".

Amma ficou tão feliz em ouvir sua prece por paz e perdão. Quando a Amma perguntou a ele o que o tinha feito escolher uma vida de serviço social, ele disse: "Foi minha mãe quem me inspirou. Minha infância foi marcada pelas trevas e terror. Quando eu tinha seis anos, vi com meus próprios olhos o assassinato brutal de meu pai, que era amante da paz. Minha vida foi destroçada. Fiquei cheio de ódio e tudo que queria era vingança. Mas minha mãe me fez mudar de atitude. Toda vez que lhe dizia que vingaria a morte de meu pai, ela me dizia: 'Filho, seu pai vai voltar à vida se você matar essas pessoas? Veja sua avó, como está sempre triste. Veja como é difícil para mim, levar a vida sem seu pai. E veja você, como ficou desalentado por não ter teu pai contigo. Você gostaria que outras mães e filhos sofressem como nós? A intensidade dessa dor seria a mesma para eles. Ao invés disso, tente perdoar os assassinos de seu pai e dissemine uma mensagem de amor e solidariedade universal'. Quando cresci, diferentes grupos terroristas tentaram me fazer vingar a morte de meu pai. Mas as sementes do perdão semeadas por minha mãe tinham dado fruto e recusei-me. Passei aos mais jovens o mesmo conselho que minha mãe tinha me dado. Isso mudou os corações de muitas pessoas que, desde então, me ajudam no serviço ao próximo".

O amor e a compaixão, ao invés do ódio, que esse menino escolheu trazer ao mundo, nasceram do poço de amor de sua mãe.

É assim que a mãe, através da influência que tem sobre seu filho, afeta o futuro do mundo. Uma mulher que despertou sua maternidade inata traz os céus para a terra, onde quer que esteja. Somente as mulheres podem criar um mundo pacífico e feliz. É assim que a mão que balança o berço também é aquela que sustenta a lamparina que traz luz ao mundo.

Os homens não deveriam nunca tentar impedir o progresso da mulher. Eles devem compreender que a contribuição da mulher à sociedade é de vital importância. Os homens devem se retirar de seu caminho; melhor ainda, devem preparar o caminho para que seja mais tranqüilo.

As mulheres, de sua parte, devem pensar no que podem oferecer à sociedade, ao invés do que podem retirar dela. Essa atitude, certamente, ajudará seu progresso. Deve-se salientar que a mulher não precisa receber ou tomar nada de ninguém, simplesmente precisa despertar. Assim, poderá contribuir à sociedade e receber tudo o que precisa.

Ao invés de enferrujar, vivendo fechada entre as quatro paredes da cozinha, a mulher deve sair e dividir com os outros o que tem para dar e realizar seus objetivos de vida. Hoje, quando a competição e a raiva estão em toda parte, o que cria harmonia no mundo é a paciência e a tolerância das mulheres. Assim, como um circuito elétrico que precisa dos pólos negativo e positivo, a vida, para fluir em toda sua plenitude, depende da presença e contribuição das mulheres e dos homens. Somente quando as mulheres e os homens se complementarem e apoiarem, desabrocharão internamente.

Atualmente, em geral, as mulheres vivem em um mundo moldado pelos homens e para os homens. Elas não precisam de um mundo assim. Devem estabelecer sua própria identidade e gerar uma nova sociedade. Devem lembrar-se, no entanto, do verdadeiro significado da liberdade. Não significa uma permissão para fazer o que quiser, a despeito das conseqüências para os outros. Não quer dizer que as mães e esposas devem abandonar suas responsabilidades na família. A liberdade da mulher e sua elevação têm que começar em seu interior. Além disso, para que a *shakti*, ou seja, a energia pura, possa despertar em uma mulher, primeiro ela tem que se conscientizar de suas fraquezas. Depois, ela poderá superá-las com sua força de vontade, serviço voluntário e práticas espirituais.

No esforço para reconquistar seus direitos e posição na sociedade, a mulher deve tomar cuidado para não perder sua natureza essencial. Essa tendência pode ser vista em muitos países e não vai ajudar as mulheres a conquistarem sua verdadeira liberdade. É impossível alcançar real liberdade imitando os homens. Se as próprias mulheres derem as costas para o princípio feminino, isso levará ao total fracasso das mulheres e da sociedade. Então, os problemas do mundo não serão resolvidos, mas agravados. Se as mulheres rejeitarem suas qualidades femininas e tentarem virar homens, cultivando apenas qualidades masculinas, o desequilíbrio no mundo se acentuará. E não é isso que a hora pede e sim que as mulheres contribuam com tudo que puderem para a sociedade. Para isso, devem desenvolver, além das qualidades "masculinas", suas qualidades de Mães Universais.

O Despertar da Maternidade Universal

Enquanto as mulheres não fizerem um esforço para despertar, serão, por assim dizer, responsáveis por criar seu próprio mundo limitado.

Quanto mais a mulher se identificar com seu sentimento maternal interior, mais tomará consciência da *shakti*, ou energia pura. Quanto mas as mulheres desenvolverem essa força dentro delas, mais o mundo as ouvirá.

Muitos indivíduos e organizações respeitados, como a ONU, estão estimulando o progresso das mulheres. Esta conferência é uma oportunidade para construirmos sobre esta base. Amma gostaria de oferecer algumas sugestões:

1. Líderes religiosos deveriam fazer todos os esforços para guiar seus seguidores de volta à verdadeira essência da espiritualidade. Dessa forma, devem condenar todos os tipos de opressão e violência contra a mulher.

2. A ONU precisa acudir às zonas de guerra e áreas de conflitos sociais para, com sua presença, dar amparo a mulheres e crianças que se vêem particularmente ameaçados.

3. Todas as religiões e nações devem condenar práticas vergonhosas como a matança de bebês do sexo feminino e mutilação genital da mulher.

4. O trabalho infantil deve ser extinto.

5. O sistema de dote deve ser abolido.

6. A ONU e líderes de todas as nações devem intensificar seus esforços para deter o tráfico de crianças e a exploração sexual de menores. As conseqüências legais de tais comportamentos devem ser tão eficazes que detenham esse tipo de prática.

7. O número de estupros ocorrendo em todo o mundo é assustador. É incompreensível que, em alguns países, as vítimas desses atos sejam punidas. Será que podemos ficar impassíveis diante disso? É preciso chegar a um acordo internacional para educar jovens rapazes, com o objetivo de colocar um fim ao estupro e outras formas de violência contra a mulher.

8. A dignidade da mulher é atingida por anúncios que as tratam como objetos sexuais. Não devemos tolerar esse tipo de exploração.

9. Líderes religiosos devem estimular seus seguidores a fazerem do serviço voluntário uma parte integral de suas vidas.

A essência maternal não se restringe às mulheres que deram a luz; é um princípio inerente ao ser humano, mulher ou homem. É um estado de espírito. É amor –e esse amor é o próprio sopro da vida. Ninguém diz: "Só vou respirar quando estiver com minha família e meus amigos. Não vou respirar na frente de meus inimigos". Similarmente, para aqueles que despertaram para a maternidade, o amor e a compaixão diante de todos fazem parte de seu ser, tanto quanto respirar.

Amma acha que a era que entra deve ser dedicada ao renascimento do poder de cura da maternidade. Essa é a única forma de realizar nosso sonho de paz e harmonia para todos. E pode ser feito! Depende apenas de nós. Vamos lembrar disso e avançar.

Amma gostaria de agradecer a todos os envolvidos na organização deste encontro. Amma valoriza profundamente seus esforços em trazer paz ao mundo. Que as sementes de paz que estamos plantando aqui hoje frutifiquem para todos.

www.ingramcontent.com/pod-product-compliance
Lightning Source LLC
Chambersburg PA
CBHW070634050426
42450CB00011B/3189